AF206906

Vorwort

Wo soll ich anfangen? Oder wo hat es angefangen? Das habe ich mich auch oft gefragt. Aber irgendwo ist ja immer ein Anfang. Vielleicht finde ich ihn während ich schreibe. Wir werden es am Ende sehen.

Ich stelle mich erstmal vor, damit ihr wisst mit wem ihr es hier überhaupt zutun habt.

Ich bin Kiki und habe es bis jetzt schon geschafft 41 Jahre alt bzw. jung zu werden. Ob ich mich wie 41 fühle? Ich glaube nein, ich bin irgendwie immer noch ein Kind. Jetzt frage ich mich allerdings, wie soll man sich eigentlich mit 41 fühlen? Ich weiß es nicht, ich bin vorher noch nie 41 gewesen.

Ich bin seit fast (wenn ich hiermit fertig bin, bestimmt schon länger) 13 Jahren verheiratet. Meinen Mann stelle ich später vor, jetzt bin erstmal ich dran.

Ich überspringe mal den ganzen Teil mit Schule, Ausbildung, ist ja immer das gleiche und an dieser Stelle auch uninteressant, kann ich eventuell später mal drauf kommen.

Ich lebe in Deutschland, mitten im Ruhrgebiet, der Ruhrpott! Werdet ihr bestimmt zwischendurch merken, ich bin hier geboren, aufgewachsen und werde bestimmt hier auch sterben, was hoffentlich noch lange dauert.

Ich habe viele Freunde und eine tolle Familie. Auch von ihnen berichte ich später.

Eigentlich bin ich immer gut gelaunt, meine Mutter sagt immer, ich war ein fröhliches Kind und das Kind steckt heute noch in mir. Natürlich habe ich auch mal schlechte Laune, aber das hat eigentlich immer einen Grund und wenn es nur Kopfschmerzen oder sonst was ist.

Ich rede gerne, ich rede viel, womit ich mein Umfeld oft nerve, aber das stört mich nicht. Sie kennen mich ja nicht anders. Wenn ich mal ruhig bin, werde ich direkt gefragt, was los ist.

Ich bin nicht schüchtern, gehe auf Menschen zu und habe eigentlich ein großes Selbstbewusstsein. Manche fragen sich, wo ich das her habe, ich weiß es nicht es ist einfach da. Ich denke es hat dazu beigetragen, dass ich den Stift in die Hand genommen habe und angefangen habe zu scheiben.

Ich liebe Schokolade, das Meer, mit meinem Mann einen guten Film oder eine Serie gucken und ich liebe gute MUSIK! Richtige Musik, nicht diese künstliche Musik von heute. Ryan Bingham zum Beispiel, ein US-amerikanischer Country-Singer-Songwriter. Ich mag zwar keine Countrymusik, aber er hat eine tolle Stimme da bekommt man direkt gute Laune. Also, wie schon gesagt, richtige Musik.

Und ich habe eine BIPOLARE STÖRUNG!

Und darum möchte ich euch ein bisschen was aus meinem Leben erzählen. Aus meinem Leben oder aus meiner Krankheit?

## Manie und Depression

Was ist eine Manie? Es ist schwer das zu erklären, ich liste hier einfach mal ein paar Symptome auf. Man muss nicht alle Symptome haben, vielleicht hat der eine oder andere auch noch andere Symptome, bei jedem ist es anders. Dann fang ich mal an aufzuzählen:

- Ein auffallendes Gefühl von Wohlbefinden
- Körperliche und seelische Leistungsfähigkeit
- Gehobene Stimmung
- Ein erhöhtes Selbstwertgefühl
- Größenideen, Größenwahn
- Schnelleres Denken, mehr Ideen und Pläne, Ideenflucht und Gedankenrasen
- Geistiger Antrieb, vermehrte körperliche Aktivität
- Heiterkeit, witzige Einfälle, vermehrtes Lachen
- Gesteigerte Gesprächigkeit und Geselligkeit, erhöhte Redegeschwindigkeit / starker Rededrang, keine Schüchternheit
- Verlust sozialer Hemmungen
- Körperliche Symptome
  - Vermindertes Schlafbedürfnis
  - Gesteigerte Libido/starker Sexualtrieb/gesteigerte Sexualaktivität
  - Appetitminderung
  - Wahrnehmungsstörungen (z.B. Farbensind besonders leuchtend)

- o Vermehrter Konsum von illegalen Drogen / Alkohol / Kaffee / Tabak
- Verstärkte Motivation am Arbeitsplatz
- Verstärkte soziale Aktivitäten
- Vermehrte Geldausgabe, ungezügeltes Einkaufen
- Vermehrte Ablenkbarkeit, man beschäftigt sich mitangenehmen Aktivitäten, vernachlässigt dadurch seine Pflichten
- Riskantes Geschäftsverhalten, unüberlegte Investitionen, Aufnahme von Krediten
- Unvorsichtiges und riskantes Autofahren, keine Konzentration auf den Verkehr
- Starke Ablenkbarkeit
- Ungeduld
- Erregbarkeit
- Unruhe
- Gereiztheit
- Aggressivität
- Verlust der Urteilsfähigkeit
- Übersteigertes Selbstwertgefühl, maßloser Optimismus

Die Hypomanie ist ähnlich wie die Manie nur in abgeschwächter Form.

Depression, was ist das eigentlich genau? Die meisten Menschen, die noch keinen Kontakt zu Depressionen hatten, egal ob selbst oder im Umfeld, wissen nicht viel darüber. Sie denken, dass Leute mit einer Depression nur traurig und evtl. noch müde sind. Das ist es aber nicht, eine Depression ist viel mehr. Ich gebe hier mal nur ein paar Beispiele, die in einer Depression auftreten können:

- Antriebslosigkeit
- Grübelzwang
- Gedrückte Stimmung (traurig und man weiß nicht warum)
- Zukunftsängste
- Isolierung / soziale Kontakte meiden
- Nicht so gesprächig
- Selbstkritisch
- Schuldgefühle
- Schlafstörung / erhöhte Müdigkeit oder vermehrter Schlaf
- Libidoverlust
- Appetitstörung / vermehrter Appetit oder Appetitlosigkeit
- Pessimistisch
- Gewichtszunahme oder Gewichtsabnahme
- Gleichgültigkeitsgefühl
- Überempfindlichkeit gegenüber Zurückweisungen
- Verminderte Konzentration und Aufmerksamkeit
- Verminderte Leistungsfähigkeit
- Vergesslichkeit
- Interessenverlust und Freudlosigkeit
- Affektive Reagibilität (Auslenkbarkeit) – Wutanfälle
- Vermehrter Alkoholgenuss
- Körperliche Beschwerden
  - Vernachlässigung der Körperhygiene
  - Geschwächtes Immunsystem

- o Verstopfung
- o Bleierne Schwere in Armen und Beinen
- o Kreislaufprobleme
- Suizidgedanken und Handlung

Dies sind nur ein Teil an Symptomen, die man in einer Depression haben kann. Viele vernachlässigen ihre Pflichten, wie z.B. Miete, Strom... zu zahlen und geraten dadurch oft in die Obdachlosigkeit.

Wie ihre seht, ist ein depressiver Mensch nicht „nur traurig" Er kämpft jeden Tag mit so vielen Symptomen. Ein innerlicher Kampf, den keiner sieht. Sätze wie „stell dich nicht so an", machen die Situation meistens noch schlimmer. Jemand der depressiv ist, muss nicht wie ein rohes Ei behandelt werden, es braucht Unterstützung von Familie, Freunden und auch den Ärzten und Therapeuten um da wieder raus zu kommen. Sie werden die Hilfe nicht annehmen wollen, darum sollte der Helfende besonders energisch sein. Gebt nicht auf, dem Kranken zu helfen er schafft es alleine nicht. Er wird euch später dankbar sein.

Eine Depression kann jeden treffen, auch wenn man denkt, der / die hat doch alles, ein tolles Leben. Eine Depression sucht sich nicht den Menschennach sozialen oder finanziellen Dingen aus, sie kommt einfach. Sie kann auch dich treffen. Ich habe immer gedacht, mir kann sowas nicht passieren, bis ich es selbst erleben musste.

# Der Wahnsinn beginnt!

Ich war Mitte 30, verheiratet, und hatte einen tollen Job. Ich habe in einem Anwaltsbüro gearbeitet und war dort Büroleiterin. Meinen Chef kannte ich schon seit Kindheitstagen, wir haben uns gut verstanden. Auch wenn ich diesen Beruf nicht gelernt habe, fand er, das ich die richtig für diesen Job war. Er hat mir alles, was ich wissen musste beigebracht. Ich war zwar oft unsicher, aber ich konnte Ihn oder meine Kollegin immer fragen. Meine Kollegin war super! (Ich bin heute noch mit ihr in Kontakt und wir treffen uns regelmäßig) Sie hatte den Beruf gelernt. Also teilten wir die Arbeit danach auf, wer was besser konnte. Ich konnte besser im direkten Kontakt mit den Mandanten umgehen, also übernahm ich das Telefon und die Tür. Ich hatte Geduld und ich denke ich war auch meistens freundlich. Ich kannte die meisten Mandanten und d er größte Teil mochte mich. Ich übernahm die Buchhaltung und die Büroorganisation. Meine Kollegin konnte schneller tippen, also übernahm sie die Diktate. Den Rest teilten wir untereinander auf.

Ich war überglücklich, im Job und im Privatleben. Ich habe viel gearbeitet, oft auch samstags und manchmal auch sonntags. Es hat mir nichts ausgemacht, ich liebte diesen Job. Aber meinen Mann auch, Zugegeben, ich habe ihn oft vernachlässigt, aber er hatte immer Verständnis. Mein Leben war toll.

Doch dann, ich kann gar nicht mehr sagen, warum oder wann genau, fühlte ich mich nicht mehr wohl. Im Job war irgendetwas anders. Ich ging morgens mit Bauchschmerzen zur Arbeit. Zuhause fühlte ich mich nicht mehr richtig zuhause. Ich stritt oft mit meinem Mann, wegen Kleinigkeiten. Alles ging mir zu langsam, keiner machte es mir recht. Ich sah die Fehler nur bei anderen. Ich wollte alles selbst erledigen. Ich wurde wütend, wenn nicht alles so lief wie ich es mir vorgestellt oder vorgenommen hatte. Ich hatte das Gefühl die Kontrolle über mein Leben zu verlieren.

Irgendwann, ich kann auch nicht mehr genau sagen wann, bekam ich schreckliche Magenschmerzen. Sie kamen schwallartig, krampfend. Ich konnte kaum stehen, ging aber arbeiten, so ein bisschen Magenschmerzen hielten mich nicht von der Arbeit ab. Nach zwei Wochen sagte mir meine Vorgesetzte, ich solle doch zum Arzt gehen. Nach einer ewig langen Diskussion ging ich dann. Magenschleimhautentzündung, Ich bekam Tabletten, aber das hielt mich trotzdem nicht von der Arbeit ab. Ich ließ mich nicht krankschreiben. Die Tabletten halfen ein wenig, die Magenschmerzen wurden besser. Aber ich wurde immer aktiver. Ich riss jede Arbeit an mich. Ich wollt alles übernehmen. Ich kannte keine Grenze. Ich wollte alles erledigen und am liebsten alles gleichzeitig.

Nach der Arbeit ging es zuhause weiter. Ich kochte, erledigte die Wäsche, räumte auf und putzte. Ich ging laufen, fast jeden Tag bis zu zwei Stunden. Früher liebte ich es mit meinem Mann abends auf der Couch zu liegen und Filme oder Serien zu schauen. Dazu hatte ich keine Ruhe mehr. Ich konnte mich nicht auf einen Film konzentrieren. Ich wurde immer unruhiger. Ich schlief kaum noch. In der Nacht, während mein Mann schlief, räumte ich die Schränke aus, wusch sie aus und räumte sie wieder ein. Wir stritten viel, wegen Kleinigkeiten. Alle oder besser viele sagten, ich solle mal „einen Gang zurückschalten". Ich wusste nicht was sie von mir wollten, ich wurde wütend, wenn mich jemand auf meine Aktivitäten ansprach. Ich war kaum noch zuhause, es war mir dort zu langweilig.

Im Büro fühlte ich mich zwar nicht mehr so gut wie sonst, aber ich ging trotzdem noch gerne hin. Die Arbeit machte mir Spaß, ich machte jede Aufgabe gerne und mit meiner Kollegin, mit der ich mir das Büro teilte, verstand ich mich blendend. Ich riss immer mehr Arbeit an mich. Langsam fingen die Mandanten an mich zu nerven. Ich konnte den Klingelton des Telefons nicht mehr ertragen. Die Türklingel machte mich wahnsinnig. Aber ich machte weiter.

Nach einer Woche kamen die Magenschmerzen zurück. Mein Chef ging in den Urlaub und ein paar Tage davor war viel zu tun. Er wollte noch einiges erledigen. Ich sagte ihm „ich mach das schon". Ich wurde zusehend aggressiver. Ich schmiss die Akten auf die Tische, fluchte viel. Ich bemerkte nach und nach, dass ich Fehler machte. Das machte mich noch wütender. Ich vergaß oft Dinge zu erledigen oder brachte eine Arbeit nicht zu ende. Ich ärgerte mich über mich selbst und wurde noch wütender (wenn das überhaut ging).

Dann kam der Tag, an dem sich viel in meinem Leben ändern sollte. Ich kam schon genervt und wütend im Büro an. Chef war im Urlaub und die angestellte Anwältin, die ihn vertrat, fing schon am ersten Tag an, vieles ändern zu wollen. Im Laufe des Vormittags geriet ich „außer Kontrolle". Den genauen Auslöser weiß ich nicht mehr. Ich fing an zu schreien, schmiss Aktenordner durch die Gegend und lief wutentbrannt in die Küche. Meine Kollegin wusste nicht was gerade geschehen war und fragte die Anwältin, ob sie zu mir in die Küche gehen solle. Diese sagte ihr aber, sie solle mich erstmal beruhigen lassen, was aber nicht geschah. Nach einiger Zeit sagte die Anwältin, die sich zwischenzeitlich in die Küche getraut hatte, ich solle doch bitte mal zum Arzt gehen. Irgendwas würde mit mir nicht stimmen. Ich reagierte gereizt, ich hätte nichts. Um es kurz zu fassen, sie ging mit mir zum Arzt, weil ich nicht wusste, was ich dem sagen sollte. Beim Arzt erzählte sie was vorgefallen war und wie ich mich verändert hätte. Ich sagte nichts dazu und hörte mir alles an. Ich erschrak, als ich merkte, dass sie recht hatte, dass ich mich wirklich verändert hatte. Der Arzt hörte sich alles an, sah mich an und fragte mich, was ich dazu zu sagen hätte. Ich reagierte gereizt und fing an mich zu verteidigen, Aber er konnte mich kaum verstehen, ich sprach zu schnell und saß unruhig auf der Liege. Er sah uns beide an, sagte nur „ich sehe schon" und machte eine Überweisung an einen Psychiater fertig. Mir war es egal, ich hatte ja nichts. Doch dann wandte er sich an die Anwältin und fragte sie ob es in Ordnung wäre, wenn er mich erstmal für vier Wochen krankschreiben würde. Sie nickte nur. Ich griff ein, für vier Wochen, „erstmal(?)", ich habe zu viel zu tun, es liegt zu viel Arbeit auf einem Tisch. Aber das interessierte weder ihn noch sie. Zurück in er Kanzlei sagte sie mir, ich solle meine Sachen nehmen und nach Hause gehen. Ich weigerte mich. Nach einem Telefonat, mit dem sich im Urlaub befindlichem Chef, musste ich die Kanzlei verlassen. Ich tobte vor Wut, ich schrie.

Vor der Tür traf ich meine Freundin, ich schrie, dass sie mir mein Leben wegnehmen würde, ich würde für die Kanzlei leben, ich liebe meine Arbeit. Ich hätte nichts. Es wäre halt im Moment etwas stressig. Meine Freundin musste zur Arbeit (in einer Trinkhalle). Ich ging wutentbrannt weg. Ich lief und lief. Stundenlang. Meine Wut wurde nicht weniger. Nach 5 Stunden rief mein Mann mich an, der mich abholen wollte, ich schrie, weinte, ich war total verzweifelt. Er holte mich ab, aber auch er konnte mich nicht beruhigen.

Die Tage darauf ging ich jeden morgen früh aus dem Haus, ging spazieren, stundenlang, ging zu meiner Freundin an die Trinkhalle und versuchte mich zu beschäftigen und abzulenken aber mein Kopf war immer im Büro. Ich rief jeden Tag dort an, aber ich bekam keine Auskunft mehr. Ich fühlte mich nutzlos, hilflos. Der Termin bei der Psychiaterin war erst in zwei Monaten. Nach vier Wochen musste ich wieder zum Arzt. Er schrieb mich weiter krank und sagte mir, ich müsse erst einmal den Termin bei der Psychiaterin abwarten. Er sagte, ich wäre manisch. Ich wusste nicht was das war oder was das heißt. Noch zwei Monate warten bis ich zu dieser Psychiaterin kann, dass kam mir ewig vor. Was solle ich denn in der Zeit machen? Also ging es so weiter, ich ging früh morgens aus dem Haus, ging stundenlang spazieren und war in der Trinkhalle bei meiner Freundin. Ich wollte meiner Freundin ständig helfen aber sie sagte nein, ich sollte erstmal ruhiger werden. Ich kaufte viel ein, alles was mir so gefiel. Zuviel, auch Dinge die wir nicht brauchten.

Endlich, der Termin bei der Psychiaterin stand an. Ich fuhr mit dem Auto hin. Das Gespräch mit ihr war kurz. Sie fragte mich, was ich denn hätte. Ich wurde wütend, Ich hatte nichts und außerdem bin ja schließlich nicht ich die Ärztin. Wenn ich wüsste was ist, wäre ich ja kaum hier. Sie stellte eine Diagnose, sagte ich solle ab sofort kein Auto fahren und gab mir ein Rezept. Kein Auto fahren, pah. Wie soll ich denn nach Hause kommen? Und außerdem stand das Auto im Parkhaus. Ich fuhr trotzdem nach Hause.


Ich ging aus der Praxis, stand vor der Tür, machte mir eine Zigarette an und dachte darüber nach, was die Psychiaterin gesagt hatte. Das kann doch nicht sein. Ich wollte es nicht glauben, ich hatte eine

BIPOLARE STÖRUNG

## Will ich das wirklich? (Manie? Was ist das?)

Jetzt war es also raus. Ich hatte eine psychische Krankheit. Aber wie kann das sein? Ich habe doch nichts, mir ging es doch gut! Ich fühlte nichts. Gut, ich war etwas unkonzentriert, aber ich brauchte auch mal wieder Urlaub. Den hatte ich jetzt schon länger als mir lieb war durch den Krankenschein. Ich war auch aktiver als sonst. Aber es war auch Sommer, es war schönes Wetter und ich war viel unterwegs. Sehr viel. Ich ging den ganzen Tag an der Ruhr spazieren, an manchen Tagen bis zu 8 Stunden. An anderen Tagen ging ich durchs Städtchen spazieren, ging in jeden Laden...und kaufte ein. Ich hatte viel abgenommen und brauchte neue Klamotten. Damit rechtfertigte ich meinen Kaufrausch. Ich kaufte aber auch viele Sachen, die ich nicht brauchte. Ich musste einfach kaufen. Mir selbst fiel es gar nicht auf, mein Mann bemerkte es am Anfang auch nicht. Vieles was ich gekauft hatte versteckte ich zuhause, um mich nicht erklären zu müssen, warum ich dieses oder jenes gekauft hatte. Kaufen machte mir Spaß und ich war beschäftigt.

Ich redete viel, gut, ich habe schon immer viel geredet (vielleicht habe ich diese Krankheit schon länger als gedacht) aber es wurde immer mehr. Ich redete mit jedem, ich erzählte fremden Leuten von mir und meinem Leben. Von meiner Familie und meinem Mann. Ich hatte jedwede Distanz zu anderen Menschen verloren. Viele interessierte all das nicht, aber keiner traute sich mich zu unterbrechen. Ich wurde aggressiv, wenn man mich unterbrach oder mir nicht zuhörte. Die Gedanken in meinen Kopf rasten. Die merkwürdigsten

Gedanken waren in meinem Kopf. Ununterbrochen, den ganzen Tag und in der Nacht war es nicht weniger. Die Gedanken rasten.

Mir in einem Gespräch zu folgen war schwer. Ich wechselte oft im Satz das Thema. Ich wollte über alle Gedanken in meinem Kopf reden, am besten genau so schnell wie sie rasten. Es gab Situationen, in denen ich so schnell sprach, dass mich keiner verstand. Man fragte mich sogar einmal, welche Sprache ich sprechen würde. Dadurch, dass keiner meinem Gespräch folgen konnte, fragten viele was ich meinte oder reagierten nicht auf meine Fragen. Das machte mich wütend. Ich hörte mich ja ganz normal. Mein Kopf konnte mir folgen.

Ich hatte einen starken Antrieb, ich war unruhig und rastlos, ich war sehr gesellig, war am liebsten unter Menschen, je mehr desto besser. Mir ging es gut und ich war oft euphorisch, fröhlich, auch in Situationen wo es nicht angebracht war. Es gab Situationen, an denen Leute in meiner Umgebung traurig waren, z. B. weil jemand verstorben war, aber ich war fröhlich, ich alberte rum, sang und machte Witze. Viele Menschen in meinem Umfeld konnten das nicht nachvollziehen. Oft sahen mich Leute an und schüttelten den Kopf, doch das war mir total egal. Wichtig für mich war es, dass es mit gut ging. Und mir ging es gut, sehr gut. Traurig oder schlecht gelaunt, dass gab es bei mir nicht. Es gab aber auch Situationen in denen ich wütend, gereizt wurde, regelrecht aggressiv. Beispielsweise wenn mich jemand beim Reden unterbrach oder nicht zuhörte, im Supermarkt, an der Wursttheke oder der Kasse, wenn sich jemand vordrängelte oder wenn mir jemand sagte, ich sei krank. Aber auch wenn man mir sagte, was ich machen „soll" oder „muss". Es gab viele Situationen, in denen ich von eine auf die andere Sekunde völlig ausrastete, ich schrie fremde Menschen auf der Straße oder in Geschäften an. Ich wollte oft handgreiflich werden. Mein Mann war meistens dabei und hielt mich davon ab. Meine Wut und Aggression verlagerten sich dann natürlich auf ihn. Ich schrie ihn an, beleidigte ihn, wenn ich ihn angriff hielt er mich fest, ich hatte keine Chance gegen ihn. An einem Tag rastete ich zuhause völlig aus, warum weiß ich heute nicht mehr, meisten gab es auch keinen Grund. Ich schrie meinen Mann mal wieder an, beleidigte ihn mit Worten, die ich hier lieber nicht erwähne. Er stand da und sagte kein Wort, dass machte noch wütender, ich griff zum Drucker, der im Regal stand, nahm ihn raus und warf ihn in Richtung meines Mannes. Er konnte ihm noch so gerade ausweichen. Auch das machte mich noch wütender, ich riss das CD-Regal um, wobei logischerweise die CDs auf den Boden fielen. Ich trat die CDs ebenfalls in Richtung meines Mannes, traf ihn aber nicht. Ich war extrem aggressiv und wie in einem Tunnel, immer weiter. Mit einem Ruck räumte ich mit dem Arm den Tisch ab, alles lag am Boden. Ich kochte vor Wut, ich hasste meinen Mann in diesem Moment so sehr. Ich schrie ihn an, er solle verschwinden und nie wiederkommen, aber er ging nicht. Also ging ich, ich rannte raus, lief durch die Gegend. Nach Stunden hatte ich mich etwas beruhigt. Ich ging nach Hause, mein Mann hatte in der Zwischenzeit alles wieder aufgeräumt. Ich entschuldigte mich nicht, ich sprach mit ihm als wenn nichts gewesen wäre, und redete und redete. Mir tat es nicht leid. Ich hatte keine Schuld,

Vieles war mit egal, besonders wenn es nicht um mich ging. Die Gefühle anderer war mir egal. Ich habe bestimmt einige meiner Freunde und auch andere verletzt, mit Worten und Taten. Ich kann es heute nicht mehr genau sagen, da zu dieser Zeit ich am wichtigsten war. Mir ging es blendend und anderen sollt es gefälligste auch so gehen. Wenn nicht, war es mir egal.

Einer Freundin von mir ging es zu der Zeit sehr schlecht, sie hatte die Nachricht bekommen, dass ihre Tochter an Leukämie erkrankt war. Sie wollte keinen sehen oder sprechen, war fast nur bei ihrer Tochter im Krankenhaus. Alle sagten, man solle sie in Ruhe lassen, sie würde schon kommen wen sie reden wolle. Es war mir egal, ich habe sie trotzdem alle 2 Tage angerufen und jeden Tag geschrieben. Natürlich ging es nicht spurlos an mir vorbei, was passiert war, ich fand es auch schrecklich und weinte auch viel deswegen, aber ich hielt keine Distanz zu meiner Freundin. Ob ich sie nervte oder ob sie es nicht wollte war mir egal.

Ein anderes Beispiel ist, mein Mann bekam eines Abends einen Anruf, dass ein guter Bekannter von ihm (ich kannte ihn nicht so gut, fand ihn aber sehr nett) verstorben war. Mein Mann war traurig, ich fühlte nichts. Es war mir unangenehm, dass ich eine Trauer fühlte und überspielte es mit viel Reden. Es tut mir heute wirklich sehr leid, dass ich zu dieser Zeit nicht für meinen Mann da war, aber es ging einfach nicht. Es war nichts in mir, keine Trauer, keine Freude. Ich fühlte nichts. Mir ging es gut, ich war euphorisch.

Alles was ich tat war richtig. Dachte ich. Ich hatte großes vor. Die besten Ideen. Die Welt gehörte mir, sie lag in meinen Händen. Ich wollte die großen Geschäfte machen. Viele Ideen, die zwar nicht zusammenhingen, aber ich wollte sie alle umsetzen. An scheitern habe ich nicht gedacht. Das gab es bei mir nicht. Ich konnte alles und wollte alles. Die besten

Geschäftsideen. Ich kaufte wieder viel, alles was ich brauchte (was ich dachte was ich brauchte) um das große Ganze aufzubauen. Ich hatte ein Ziel. Ein Ziel, das nicht realisierbar war, aber daran dachte ich nicht. Ich war fest davon überzeugt alles erreichen zu können. Egal mit welchen Mitteln, egal auf wessen Kosten. Ich wollte an das große Geld kommen. Ich war davon überzeugt es auf jeden Fall zu schaffen. Anfangs fing ich an das Haus auszumisten und alles Mögliche im Internet zu verkaufen. Was erst auch ganz gut lief aber dann nachließ, irgendwann waren die gefragten Sachen halt verkauft. Ich machte alle möglichen Sachen, ich bastelte, häkelte, strickte und vieles mehr, um was zu produzieren, was ich verkaufen konnte. Die meisten Sachen wollte nur keiner haben. Fast das ganze Haus war vollgestellt mit Dingen, die ich verkaufen wollte. Aber die Sachen blieben wo sie waren. Ich suchte immer weiter, die ganzen Nächte räumte ich um, schlafen brauchte ich nicht. Aber nichts passierte, meine große Geschäftsidee scheiterte. Die Schuld lag natürlich bei den anderen. Ich sagte nicht, dass es eine blöde Idee war, ich sagte ich hätte keine Lust mehr und davon war ich auch überzeugt.

Eine neue Idee musste her.

Schlafen war für mich kein Thema, ich schlief nicht mehr. Ich brauchte auch keinen Schlaf. Ich war auch nicht müde, den ganzen Tag nicht und nachts auch nicht. Nie. Ich war immer aktiv. Stillsitzen konnte ich nicht. Neben Reden bewegte ich mich auch ununterbrochen.  Ich ging mit meinem Mann abends ins Bett, wartete bis er eingeschlafen war und stand wieder auf. Ich räumte alle Schränke aus, putze sie aus und räumte sie wieder ein. Morgens um 6 Uhr fing ich an die Fenster zu putzen. Ich bügelte, das machte keinen Krach. Im Bett liegen war mir lästig, ich langeweilte mich. Die Nächte waren schrecklich, ich konnte nicht raus. Oder doch? Natürlich ging ich raus, ich lief durch die Straße, guckte wer noch wach war. Sollte ich mal anschellen? Da ist ja noch Licht. Ich habe nicht geschellt, was soll ich auch bei anderen drinsitzen? Das kann ich auch zuhause. Also ging ich wieder nach Hause. Irgendwas findet sich schon was ich machen kann. Und ich fand was, jede Nacht. Ich schlief tagelang nicht. Irgendwann fingen die Medikamente ein wenig zu wirken an und ich schlief nachts ein bisschen. Zumindest 3-4 Stunden. Aber müde war ich immer noch nicht. Schlafen empfand ich als lästig, überflüssig. In der Zeit, in der ich schlief, hätte ich auch andere Dinge erledigen können.

Mein Mann und auch die Ärzte sagten mir, ich müsse mehr schlafen, sonst würde ich eines Tages umfallen. Alles Quatsch dachte ich, ich war halt nicht müde. Ich hatte so viel zu tun, da war schlafen doch wirklich nicht nötig. Aber da es keinen Streit mit den Ärzten oder meinem Mann gab, ging ich abends mit ins Bett. Ich lag da und konnte nicht schlafen, ich langweilte mich. Ich war unruhig, ich wippte mit den Beinen, drehte mich hin und her. Ich dachte immer, warum schläft der Mann, man könnte doch so viel machen. Oft, ca. jede 2. Nacht weckte ich ihn, bat ihn mit mir ins Wohnzimmer zu kommen, um irgendwelche Sachen zu machen oder mit mir einen Film zu gucken. Meistens so gegen 1-2 Uhr, weil mir die Ideen ausgingen. Es war mir dabei auch völlig egal, dass er am nächsten Tag früh aufstehen musste und arbeiten musste. Ich durfte ja nicht arbeiten. Ich dachte auch, wie soll ich auch müde werden, wenn ich nicht arbeiten durfte, wenn ich nur zuhause sitzen soll, was ich aber nicht tat, ich war ja sehr aktiv. Und dann fingen an die Tabletten an richtig zu wirken.

## Gelähmt / Ausgebremst!

Die Tabletten wirkten also. Anfangs merkte ich es nicht. Ich wurde abends müde, musste ins Bett. Im Bett dachte ich, was solls, ich kann eh nicht schlafen. Aber ich schlief. Ich schlief sogar sehr schnell ein. Mit dem Gedanken im Kopf, du kannst sowieso nicht schlafen. Ich schlief tief und fest, Ich bekam nichts um mich herum mit. Der Wecker von meinem Mann schellte, sehr laut, nichts, ich hörte ihn nicht und schlief weiter, mein Mann ließ mich schlafen, er dachte nur, endlich, sie schläft, das wurde auch Zeit. Er genoss die Ruhe an dem Morgen, er konnte in Ruhe seinen Kaffee trinken, ohne dass ich um ihn herum wuselte, ohne dass ich auf ihn einredete. Er saß in aller Ruhe im Wohnzimmer, mit seinem Kaffee und ich schlief im Schlafzimmer. Selbst als er sich im Schlafzimmer Umzog, um zur Arbeit zu gehen, dabei Licht anmachte und die Türen vom Schrank oder vom Badezimmer auf und zu machten bekam ich nichts mit. Ich hörte nichts, ich schlief!!

Gegen 9 Uhr hatte mein Mann Frühstückspause. Er versuchte mich anzurufen. Mein Handy lag auf meinem Nachttisch, direkt neben meinem Kopf. Es war auf laut gestellt. Er versuchte es 5mal aber ich ging nicht dran. Er versuchte es auf dem Festnetz, aber auch da ging ich nicht dran. Ich hörte nichts. Ich schlief!

Mei Mann machte sich große Sorgen und kam nach Hause. Gegen 10 Uhr war er da. In der Küche, im Esszimmer und im Wohnzimmer war ich nicht, er bekam Angst. Er rannte die Treppe rauf ins Schlafzimmer, er fiel fast dabei noch hin. Am Bett angekommen sah er mich im Bett liegen. Ich lag da, ganz ruhig. Ich atmete ruhig und flach. Ich schlief immer noch ganz tief. Er hatte Angst das ich mir irgendwas angetan hätte, Tabletten genommen oder ähnliches. Er weckte mich. Ich wurde ganz langsam wach. Ich sah ihn an, ich war ganz durcheinander, wusste nicht was los war. Ich sah meinen Mann an und fragte: "Was machst du hier?" Er sah mich mit Tränen in den Augen an, nahm mich in den Arm und fragte: „hast du bis jetzt geschlafen?" Ich antwortete ihm nicht, ich war zu müde. Ich hatte fast 12 Stunden geschlafen und war immer noch müde. Ich stand auf, ich konnte doch nicht den ganzen Tag im Bett liegen, ich hatte doch noch so viel zu tun. Mein Mann blieb an diesem Tag zuhause. Nachdem ich mich geduscht und angezogen hatte, saß ich mit ihm im Wohnzimmer, trank wie jeden Morgen meinen Kakao und rauchte eine Zigarette nach der anderen. Wir wollten Einkaufen fahren, war ja auch der richtige Zeitpunkt, ich durfte ja immer noch kein Auto fahren und mein Mann hatte sich den Rest des Tages frei genommen. Aber ich bekam den Dreh nicht von der Couch aufzustehen. Ich hatte auch keine Idee was ich kochen sollte und einkaufen sollte. Mein Mann machte mir mehrere Vorschläge, sie waren mir alle egal. Ich wollte so viel machen, aber ich saß nur da. Wir versuchten zusammen einen Einkaufszettel zu schreiben. Mir fiel das schreiben schwer, ich wusste nicht was los war, aber ich wusste nicht genau wie ich den Stift halten sollte. Ich wusste genau wie das Wort aussieht, was ich schreiben wollte, aber ich wusste nicht wie ich den Stift führen sollte um die entsprechenden Buchstaben aufs Papier zu bekommen. Ich saß da und starrte das leere Blatt Papier an. Ich versuchte mich zu konzentrieren aber mir fiel es einfach nicht ein. Ich saß einfach nur da.

Mein Mann sah mich fragend an, er wollte wissen ob alles in Ordnung mit mir sei. Ich sah ihn an und dachte, warum sieht er denn nicht was los ist?

Dann kam die Wut, der Hass, die Angst. Die Wut auf mich selbst, dass ich noch nicht einmal in der Lage war, einen simpelnen Einkaufszettel zu schreiben. Der Hass auf diese gottverdammte Krankheit, die es geschafft hat, in so kurzer Zeit mein komplettes leben zu zerstören und die Angst nicht mehr schreiben zu können, oder lesen, oder so viele andere Dinge, die ich so gerne machte. Sie hat mir schon die Arbeit genommen, was will sie denn noch? Mein Leben?

Ich fing an zu weinen, die Angst hatte gesiegt! Ich weinte und weinte, ich weiß heute nicht mehr wie lang, aber es müssen Stunden gewesen sein. Ich konnte meinem Mann nicht sage warum ich weinte, er saß, wie so oft, völlig hilflos neben mir. Er wollte mir helfen, wusste aber nicht wie. Er versuchte mich zu beruhigen aber seine Worte kamen nicht bei mir an. Alles was er sagte, drehte sich in meinem Kopf um „Das wird schon wieder", ja, aber wann, wenn es zu spät ist? „Das kriegen wir schon hin", wir, wir? Er ist ja gesund, er kann ja arbeiten, er kann ja schreiben, ihm geht es gut und ich sitze hier und weine, weil ich nichts mehr kann. Alles prallte von mir ab. Er legte seine Arme  um mich, er wollte mich halten, er wollte mir halt geben, mich unterstützen. Ich saß nur da. Ich wusste nicht ob ich von ihm umarmt werden wollte oder ob ich einfach nur dasitzen wollte und weinen wollte. Ich weiß nicht ob er merkte, dass ich nicht wusste, was ich wollte. Nach einiger Zeit, ich weiß nicht, ob es Minuten oder Stunden waren, ließ er mich los. Er war total hilflos, so wie ich. Wir wussten beide nicht, was wir tun sollten.

Ich sah ihn an, ich weinte immer noch, seine Augen waren traurig, verzweifelt. Er machte mir alle möglichen Vorschläge, was wir unternehmen könnten, einkaufen, shoppen, spazieren gehen oder essen gehen. Ich wollte nichts, ich wollte nur dasitzen, obwohl ich so viel machen wollte. Ich hatte doch gestern noch so viel vor. Aber ich konnte nicht aufstehen, mir fehlte die Kraft. Was war denn los mit mir? So kannte ich mich nicht, aber es war mir egal. Ich hatte mittlerweile aufgehört zu weinen, aber ich war immer noch traurig, wütend, ängstlich.

Mein Mann ging schließlich alleine einkaufen und besorgte das nötigste. Abends bestellten wir Pizza, weil ich einfach nicht den Dreh bekam von der Couch aufzustehen, um etwas zu kochen. Mein Mann sagte mir, ich solle mich nicht ärgern, ich solle mich mal ausruhen. Ausruhen, pah, ich hatte so viel in den letzten Monaten geschafft und da musste ich mich auch nicht ausruhen.

In den darauffolgenden Tagen der auch Wochen, ich weiß nicht mehr genau, wie lange dieser Zustand angehalten hat, schlief ich gut, auch oft zu lange. Tagsüber saß ich viel auf der Couch, hatte den Fernseher an, schaute aber kaum hin. Ich saß da und mein Kopf arbeitet, ich hatte wieder die wildesten Ideen aber keine Kraft sie umzusetzen. Ich fing viel an, brachte aber fast nichts zu ende. Ich räumte z.B. den kompletten Vorratsschrank, der sehr groß ist, aus, ich wollte ihn ausmisten und aufräumen. Als ich alles ausgeräumt hatte, verließ mich die Lust und die Kraft und ich zurück auf die Couch. Dort saß ich bis abends, bis mein Mann nach Hause kam. As er rein kam erschrak er. Er fragte mich, ob alles in Ordnung. Überall in der Küche und im direkt angrenzenden Esszimmer standen und lagen Sachen rum, Vorräte, Backformen… ich sagte ihm, das alles in Ordnung sei und ich das gleich wegräumen würde. Was ich natürlich nicht tat. Am nächsten Tag ging ich vom Bett wieder direkt auf die Couch, an das Chaos in der Küche und im Esszimmer dachte ich nicht mehr. Ich musste zwar durch das Chaos, um mir was aus der Küche zu holen, aber auch da störte es mich nicht. Ich dachte nur, dass räume ich später weg. Aber ich saß den ganzen Tag auf der Couch, sah zum Fernseher, registrierte aber selten was dort lief, oder starrte die Wand an. Mein Kopf raste. Ich hatte alle möglichen Gedanken und Ideen. Und plötzlich stand mein Mann wieder vor mir. Ich sah ich an, als hätte ich einen Geist gesehen. Was macht er schon hier? Ich sah auf die Uhr. Es war 18 Uhr. Ich habe den ganzen Tag nur dagesessen und nichts gemacht. Das Chaos war noch da. Ich habe es komplett ausgeblendet. Wir beseitigten das Chaos gemeinsam wobei ich mehr damit beschäftigt war andere Dinge zu machen als alles wieder in den Schrank zu räumen.

In den darauffolgenden Wochen saß ich meistens nur da und machte nichts, ich war wie gelähmt. Ich dachte die Medikamente würden mich ausbremsen, aber das war nicht so, die Depression hatte begonnen.

Aber das wusste ich damals noch nicht, also machte ich mir deswegen keine Sorgen.

## Durchhalten bis zur Tagesklinik

Ich hatte mich auf Raten von meinen Ärzten in einer psychiatrischen Tagesklinik angemeldet. Ich habe mich natürlich für die nächstgelegene entschieden, sie war/ist in dem Krankenhaus, was nur eine Straße weiter war. Aber ich wusste nicht, wann ich dort hin konnte. Ich musste die Zeit irgendwie überbrücken. Vorher durfte ich nicht wieder arbeiten gehen.

Es war mittlerweile Dezember und ich war bereits seit 5 Monaten „zuhause". Die Arbeit fehlte mir immer noch. Aber in dem momentanen Zustand wäre es auch gar nicht für mich möglich zu arbeiten. Mein Geburtstag stand vor er Tür und ich freute mich endlich mal wieder alle meine Freunde zu sehen, denn gefeiert wird, egal wie es mir geht. Die Freunde, die da kommen, das sind richtige Freunde. Sie sind immer da für mich, sie haben Verständnis, wenn ich mich mal nicht melde, weil ich dazu nicht in der Lage bin, aber sie fragen regelmäßig (für mich manchmal zu oft) nach, wie es mir geht und ob sie etwas für mich tun können. Ich habe einfach tolle Freunde.

2 Tage vor meinem Geburtstag musste meine Mutter ins Krankenhaus. Sie hatte fürchterliche Schmerzen, Gallensteine! An meinem Geburtstag wurde bei ihr eine Art Magenspiegelung gemacht, allerdings in die Bauchspeicheldrüse, will sich dort ein Gallenstein befinden sollte. Sie war an dem Tag sehr benommen, durch die Narkose. Der Tag war für mich gelaufen, ich hatte Geburtstag und Mama war im Krankenhaus. Meine Mama, sie ist nicht nur meine Mama, sie ist auch meine beste Freundin, sie ist immer für mich da!

Am nächsten Tag bekam mein Vater vom Krankenhaus gegen 12 Uhr einen Anruf, dass Mama auf die Intensivstation verlegt wurde und notoperiert würde. Wir wussten nicht was los war oder passiert war. Wir standen unter Schock. Wir hörten erstmal nichts vom Krankenhaus. In meinem Kopf spielten sich die schlimmsten Szenarien ab. Ich saß in meinem Wohnzimmer und weinte. Ich ging zu meinem Vater, ich wollte einfach nur, dass er mich in den Arm nimmt und mich tröstete, dass er mir sagt, dass alles wieder gut wird. Er war immer der Fels in der Brandung, mein Vater war immer der starke Mann. Ich stand vor ihm, nahm ihn in den Arm. Doch was dann passierte, damit hatte ich nicht gerechnet. Mein Vater, der starke, große Kerl, sackte zusammen und fing an zu weinen. Was geschieht hier nur gerade, was? Papa soll mich trösten, er soll mir diese fürchterliche Angst nehmen, aber das konnte er in diesem Moment nicht.

Plötzlich setzte ich Scheuklappen auf, ich musste stark sein, ich musste für meine Eltern stark sein. Ich musste meinem Vater zeigen, dass alles wieder gut wird, aber wie? Ich wusste es ja selber nicht.

Gegen 18 Uhr rief das Krankenhaus an, sie sagten, dass Mama jetzt auf der Intensivstation liegt, die OP gut verlaufen sei, sie aber bis morgen noch in Narkose bleibe. Wir konnten am nächsten Tag mit dem Arzt sprechen. Operation? Was war eigentlich passiert? Sie hatte doch nur Gallensteine. Wir mussten bis zum nächsten Tag warten. Mein Vater fuhr aber am Abend nochmal zum Krankenhaus, um sie zu sehen. Ich konnte nicht, in mir sperrte sich irgendwas dagegen.

Am nächsten Tag sprachen wir mit dem Arzt, er erzählte uns, dass bei der Untersucheng der Darm beschädigt wurde und meine Mutter sich dadurch selbst vergiftet hatte. Es war kurz vor zwölf. Der Arzt sagte, dass er hoffte, dass sie es schafft. Was soll das heißen? Natürlich schafft sie das, sie konnte mich doch nicht gerade jetzt verlassen. Nach dem Gespräch durften wir zu ihr Sie sah schrecklich aus, überall Schläuche und Kabel. Es piepste ständig. Ein schreckliches piepen! Sie war nicht ansprechbar und wir durften nur ein paar Minuten bleiben. Am nächsten Tag war sie ansprechbar, aber sie konnte nicht antworten. Sie sah immer noch schrecklich aus.

Zuhause funktionierte ich nur noch. Ich kochte, wusch die Wäsche, bügelte, räumte auf, putzte und kümmerte mich um meinen Vater. Gefühle wurden komplett ausgeschaltet, ich lief rum wie ein Roboter. Wenn man mich nach Mama fragte, gab ich sachlich Auskunft, mehr konnte ich nicht.

Mama ging es von Tag zu Tag besser, zwar sehr langsam, aber sie war über den Berg. Nach 4 Tagen stand ich an ihrem Bett, hielt ihre Hand, sie war noch sehr schwach. Doch dann sah sie mich an und fragte mich „Schatz, wie geht es dir?" Meine Augen füllten sich mit Tränen und ich sagte ihr, dass ich jetzt völlig egal wäre, dass es jetzt um sie ginge. Sie lächelte, das reichte mir. Da es ihr besser ging, entschieden wir, dass wir meinen Geburtstag trotzdem feiern. Die Feier war trotz allem schön. Am 23.12. kam Mama auf die normale Station. Mein Vater, mein Mann und ich waren an Heiligabend für 1 Stunde bei ihr, dann wurde sie müde und wir gingen nach Hause. Ich versuchte zuhause Weihnachten so schön wie möglich für alle zu machen, aber es war nicht das gleiche, das erste mal Weihachten ohne Mama. Anfang Januar dufte sie wieder nach Hause, sie war noch sehr schwach und ich kümmerte mich um alles, aber sie war wieder da.

Meine Gedanken gingen ständig darum, was wäre gewesen, wenn meine Mama das nicht überlebt hätte. Was würde ich tun ohne sie? Sie ist doch immer für mich da, sie hilft mir viel, nicht nur beim Einkaufen auch in allem anderen, sie hört mir zu und versucht mich zu verstehen. Das haben viele versucht aber die meisten konnten es nicht verstehen.

Viele glauben, dass es ein Burnout war, weil ich ja in den letzten Monaten, bevor ich krankgeschrieben wurde viel zu viel gearbeitet hatte. Den Stress, den ich auf der Arbeit, war mir immer noch anzusehen. Aber es war kein Burnout!

Meine Freundin sagte immer, ich solle zu ihr zur Trinkhalle kommen, nicht den ganzen Tag zuhause rumsitzen, ich bräuchte Ablenkung, ich sollte mich beschäftigen. Sie sagte, sie würde mich mittags zuhause abholen und mit zur Trinkhalle nehmen, mein Mann könnte mich dann nach der Arbeit wieder abholen. Ich wollte nicht ich wollte alleine sein. Das war ihr egal, sie sagte, ich komme und nehme dich mit, und wenn es sein muss, auch im Schlafanzug. Ich wusste, dass sie das tun würde, also zog ich mich jeden Tag an und fuhr mit ihr zur Trinkhalle. Die ersten Tage saß ich nur da, ich wollte mit niemandem reden. Es waren immer viele Bekannte da, aber ich saß hinten bei meiner Freundin. Sie unterhielt sich mit mir, wenn sie Zeit hatte. Sie versuchte mich aufzumuntern, mich zum Lachen zu bringen. Anfangs hatte sie mit allem was sie versuchte keinen Erfolg. Nach einigen Tagen erzählte ich ihr alles, was ich auf der Seele hatte. Sie hörte mir zu und sagte erstmal nichts. Es tat gut alles mal raus zu lassen. Es befreite mich irgendwie. Ich weinte viel dabei. Meine Freundin nahm mich, wenn ich es wollte, in den Arm und ich ließ alle Tränen zu, ich hielt nichts zurück. Das ging einige Tage so und es erleichterte mich. Mittlerweile lachte ich auch zwischendurch wieder. Meine Freundin und ich lachten und weinten zusammen. Sie holte mich aus meinem Tief heraus, dafür bin ich ihr unendlich dankbar!

Ich half ihr in der Trinkhalle, füllt die Kühlschränke mit Getränken auf oder das Zigarettenregal. Ich hatte wieder eine Beschäftigung.

Ich funktionierte mittlerweile ganz gut und ich wurde wieder unruhig.  Ich fing wieder an viel unterwegs zu sein und redete wieder viel.

Ende Januar bekam ich einen Anruf, dass ich mich Anfang Februar in der Tagesklinik vorstellen konnte.

## Die Tagesklinik

Ich ging zum Vorgespräch in die Tagesklinik. Die paar Unterlagen, die ich von meinen Ärzten hatte, nahm ich mit.

Der Arzt nahm mich in Empfang und stellte mir einige Fragen, zunächst natürlich, was ich hätte. Ich sagte ihm, die Ärzte glauben ich hätte eine bipolare Störung. Er hinterfragte diese natürlich. Ich war ja der Meinung, ich hätte nichts, wäre „nur überarbeitet" und das sagte ich ihm auch. Er machte sich Notizen und ich dachte, ah ja, er sieht das auch so wie ich. Aber dem sollte ich während meines Aufenthaltes in der Tagesklinik eines Besseren belehrt werden.

Er stellte mir noch einige andere Fragen, die ich auch eifrig und ausführlich beantwortete. Ich erzählte ihm auch noch jede Menge andere Dinge, ob ihn das alles interessier hatte, das weiß ich nicht und das war mir auch egal. Er sagte mir, dass ich wohl so 6-8 Wochen in die Tagesklinik gehen sollte. Am Ende des Gesprächs sagte er mir, ich würde ca. 14 Tage bevor ich zur Tagesklinik kommen könne einen Anruf bekommen. Also ging ich nach Hause und watete auf den Anruf. Ich hoffte, dass es schnell ging, denn bevor ich nicht in der Tagesklink war, durfte ich nicht wieder arbeiten.

Ich erzählte meiner Arbeitskollegin von der Tagesklinik. Die erzählte mir, dass ihre Tante auch mal in einer psychiatrischen Tagesklinik war und es ihr da sehr gut gefallen hat und richtig traurig war, als die Zeit dort zu Ende war. Irgendwie nahm mir das die Angst vor der Tagesklinik. Obwohl, ich hatte gar keine richtige Angst davor, ich freute mich, endlich wieder was zu tun und nicht nur zuhause sitzen.

Anfang März bekam ich dann endlich den Anruf, dass ich Mitte März starten könnte. Ich freute mich, wunderte mich aber auch, weil der Arzt sagte, dass es ein paar Monate dauern könne, bis es los gehen kann. Aber gut, ich konnte starten.

Am ersten Tag, ein Montag, sollte ich um 8:00 Uhr da sein, ich stand um zehn vor 8 vor der Tür und rauchte noch eine Zigarette. Es kam eine Frau dazu, die auch noch rauchte. Ich fragte sie, „Patientin oder Mitarbeiterin?" Sie sagte Patientin und fragte mich, ob ich die „neue" sei, was ich bejahte. Sie sagte mir, sie sei auch noch „"neu", sie sei letzte Woche Donnerstag gekommen. Wir gingen rein und ich meldete mich im Schwesternzimmer. Dort wurde ich von einer sehr netten Schwester, in Zivilkleidung, wie alle anderen auch, in Empfang genommen. Sie führte mich durchs Haus und zeigte mir alles. Ich dachte noch, als wenn ich mir das jetzt alles merken könne. Sie sagte mir, dass ich später noch einen Spint bekommen würde, wo ich einige Sachen einschließen könnte, wie z.B. mein Portemonnaie. Dann ging sie mit mir in den Aufenthaltsraum, wo die anderen Patienten schon saßen und frühstückten. Sie stellte mich vor und sagte, dass wir dann mal einen Platz für mich suchen werden. Die Frau, die ich draußen vor der Tür schon getroffen hatte, winkte und rief, „hier ist noch ein Platz frei". Der Bann war gebrochen, ich hatte schon mal einen Platz, es war ein 6er tisch. Wir stellten uns vor und plauderten. Zwischendurch kam die Schwester und gab mir einen „Stundenplan". Auf dem stand, wann ich welche Therapie hätte. Erster Therapiepunkt war „Gruppentherapie" und ich dachte, da habe ich keinen Bock drauf. Ich erzähle doch nicht irgendwelchen Leuten, wie es mir geht, und außerdem, mir ging es ja gut und ich hatte ja nichts. Ich wusste ja nicht, was das hier für Leute waren, es ist ja schließlich eine

„psychiatrische" Tagesklinik. Aber gut, ich hatte gesagt, ich ziehe das hier durch, also gehe ich hin. Meine erste Gruppentherapie. Ich kam in den Raum, an den Wänden im Kreis standen Stühle, einige waren schon da. Ich setzte mich auf den ersten Stuhl, zwei von meinem Tisch waren auch da, aber die Frau von morgens nicht. Nachdem alle da waren und Platz genommen hatten, auch eine Schwester und der Arzt, bei dem ich schon das Vorgespräch hatte, ging es los. Vorstellungsrunde, ich hatte keine Ahnung was das war. Eine Frau fing an, stellte sich kurz vor, wie sie hieß und wie lange sie schon da war. Einige sagten noch was über sich. Ich sagte, als ich dran war, wie ich hieß und dass ich die Neue sei. Als alle dran waren, fragte der Arzt nach einem Thema, ich dachte nur, wie doof, er sei doch der Arzt. Aber gut, eine Frau fing dann an zu reden. Sie saß mir direkt gegenüber. Sie erzählte, dass sie eine bipolare Störung habe und berichtete wie es ihr ging. Ihr ging es wohl nicht gut, sie fing auch an zu weinen, Ich ringte mir den Tränen. Ich dachte immer nur, fang jetzt nicht an zu weinen. Ich sagte nichts, ich saß nur da und hörte zu und versuchte nicht in Tränen auszubrechen. Ich hatte regelrecht Magenschmerzen. Ich war froh als die Therapiestunde um war. Es gab auch Mittagessen, aber ich wollte nichts essen, ich kochte ja abends eh wenn mein Mann nach Hause kam. Ich war, während die anderen gegessen haben, auf dem Balkon und rauchte. Nach dem Mittagessen konnte ich nach Hause gehen, am ersten Tag hätte man nur einen halben Tag zum eingewöhnen. In den nächsten Tagen lernte ich die anderen kennen und die Therapien, einige fand ich von Anfang an gut, einige fand ich nicht so gut, und einige musste ich mich erst dran gewöhnen. Mittwochs war die 2. Gruppentherapie, diese fing mit einer „Befindlichkeitsrunde" an. Ich dachte wieder, was ist das denn wieder? Reihum sagte jeder, wie es ihm geht und was er so in den letzten Tagen gemacht hat. Ich fasste mich wieder kurz. Und wieder fragte der Arzt nach einem Thema. O.k. anscheinend sollten "wir" entscheiden worüber wir reden wollen und nicht ein Thema vorgeschrieben bekommen. Ich hielt mich zurück, ich wusste nicht was ich sagen sollte, obwohl ich am liebsten jedem einzelnen was gesagt hätte.

Nach einer Woche hatte ich mich voll integriert. Ich kam mit allen gut aus, meine Distanzlosigkeit, die ich hatte, half mir dabei sehr, ich redete viel und war wieder extrem aktiv, unruhig.

Nach zwei Wochen war ich in der Gruppentherapie voll dabei, ich führte die Gespräche hinterher regelrecht an, ich hatte immer was zu sagen. Einmal sagte der Arzt nachdem er nach einem Thema fragte, das ich erstmal warten soll, ob jemand anderes was auf dem Herzen hat. Nachdem keiner was sagte, durfte ich loslegen.

Zweimal die Woche hatten wir „Entspannung". Dabei lagen wir meistens auf Matten, mit Kissen und decken auf dem Boden. Die Schwester (Therapeutin) machte ruhige instrumentale Musik an. Dabei gab sie nach und nach Anweisungen, was wir machen sollten. Meistens fing sie an, dass wir einen Arm anspannen und wieder locker lassen sollten, so ging sie durch den ganzen Körper, inklusive Gesicht. Wir sollten uns entspannen, meine Beine wippten, meine Gedanken rasten. Nach 4 Wochen konnte ich mich endlich entspannen und es tat so gut. Ich kam zur Ruhe, hin und wieder schlief ich sogar ein.

Am liebsten machte ich die Ergotherapie. Dort malten oder bastelten wir. Als erstes flocht ich einen Korb. Sowas hatte ich noch nie gemacht und ich versuchte ja gerne neue Sachen. Die Therapeutin erklärte mir Schritt für Schritt, was ich machen sollte und ich ließ es mir auch in aller Ruhe erklären. Es machte mir wirklich Spaß, gut ich machte ja gerne Handarbeiten, ich strickte und häkelte viel, dass half mir natürlich sehr beim Flechten. Wir saßen da, arbeiteten an unseren Projekten und quatschten. Ich natürlich vorne weg, ich redete viel. Während meiner Zeit in der Tagesklinik malte ich mit Acryl auf Leinwände und töpferte. Es macht mir alles viel Spaß.

Was mir nicht so viel Spaß machte, war Trommeln, aber das musste ja jeder machen. Wir saßen da auf Hockern und hatten afrikanische Trommeln zwischen den Knien. Wir trommelten im Takt, den der Therapeut vorgab. Ich konnte damit nichts anfangen und es machte mich unruhig. Ich war jedes Mal froh, wenn die Stunde um war.

Was mir aber auch viel Spaß machte, war eine Therapiestunde, die nannte sich „mach mit!". Dort haben wir mit ca. 8-10 Leuten Spiele gespielt, meistens das Spiel Black Story. Ein Kartenspiel mit einer Sammlung kniffliger und morbider Geschichten, die aufgrund eines kurzen Beschreibungstextes erraten werden müssen. Das war genau das richtige für mich, ich konnte reden und meiner Fantasie freien lauf lassen. Und das tat ich auch.

Schwimmen und Walking war auch o.k. für mich. Ich konnte mich auspowern. Beim Schwimmen alberten wir zwar nur rum aber alleine sich im Wasser zu bewegen machte müde. Auch Walking tat gut, ich konnte mich bewegen, laufen, dass tat ich ja eh gerne. Auch Wandern fand ich ganz gut, wir gingen mit einer Gruppe länger spazieren, durch Wälder oder an der Ruhr entlang. Es tat gut zu laufen und dabei mit anderen zu reden. Sonst war ich ja immer alleine unterwegs. Mir waren die Strecken nur immer zu kurz.

Was ich ganz schlimm fand, war die Therapie Psychoedukation. Dort wurden uns verschiedene psychische Krankheiten und Symptome erklärt. Ich fragte mich, was ich da soll, ich hatte ja nichts. Es wurde über Symptome und Erkrankungen gesprochen, die ich nicht kannte, ich dachte ich kannte sie nicht und dass ich sie nicht hatte, ich dachte es aber nur.

Tag für Tag, Woche für Woche ging ich zur Tagesklinik, ich machte alles mit, was man von mir verlangte. Ich wusste zwar immer noch nicht, was ich da sollte, aber bitte, ich war hier und machte alles mit. Ich wollte ja schließlich bald wieder arbeiten gehen.

Nach 7 Wochen saß ich wieder mal in der Psychoedukation. Wir redeten über psychische Krankheiten im Allgemeinen und die Therapeutin sagte zu mir, ich solle meine Krankheit als ein „Geschenk" ansehen.  Ich antwortete sofort, dass sind so Geschenke wie von meiner Schwiegermutter, die braucht kein Mensch.  Die Therapeutin ignorierte meinen Kommentar. Sie sagte, ich solle mich auf meine Krankheit einlassen, es zulassen und akzeptieren.  Ich wurde wütend, ich kochte innerlich, „ich habe nichts!", „ich bin gesund!". Ich will diese Krankheit nicht haben.  Ich brach in Tränen aus und rannte raus. In dem Moment realisierte ich, das ich wirklich krank war und es tat unendlich weh.

Ich war 14 Wochen in der Tagesklinik und die Zeit dort war sehr schön, ich habe viele Leute kennengelernt und habe dort viel gelernt, was ich im Alltag umsetzen kann. Und ich habe gelernt, dass ich die Krankheit habe. Jetzt muss ich nur noch umsetzen, dass die Krankheit mich mein Leben lang begleitet, nicht das ich die Krankheit begleite!

Ich stellte bei der LVR einen Antrag auf Erwerbsunfähigkeitsrente. Ich war mir sicher, dass dieser Antrag abgelehnt werden würde. Ich füllte alles aus und brachte es zur Rentenversicherung. Nach einem Monat bekam ich Post, wo ich aufgefordert wurde, zu einer Gutachterin zu gehen, was ich auch tat. Die Gutachterin war eine sehr nette und ruhige Frau. Sie stellte mir viele Fragen, wie es mir geht, was ich mache, wo ich Schwierigkeiten hätte. Ich beantwortete ihr alle Fragen, das war sehr anstrengend für mich und nach 20 Minuten bat ich sie um eine Pause, die wir dann auch machten. Danach untersuchte sie mich noch körperlich und sagte mir, dass sie das Gutachten an die LVR schicken würde. Mir war klar, dass mein Antrag abgelehnt werden würde, ich hatte ja **nur** eine bipolare Störung, das ist ja nichts, man sieht das ja nicht.

## Ich will wieder arbeiten!

Mein Leben verlief von nun an anders. Anders als mein Mann und ich es geplant haben. Obwohl sein Leben erstmal ganz normal weiterlief. Bei mir änderte sich viel. Eigentlich alles, ich musste einen komplett neuen Alltag beginnen.

Nach der Tagesklinik begann ich zunächst eine sehr langsame Wiedereingliederung in meinen Job zurück, nachdem ich über ein Jahr raus war. Erstmal an zwei Tagen je drei Stunden, dann 1 Tag vier Stunden und ein Tag drei Stunden und so sollte es langsam auf erstmal halbtags kommen. Warum halbtags? Wir, das heißt meine Ärztin, mein Mann und mein Chef, hatten entschieden, dass ich zunächst nicht Vollzeit arbeiten sollte, um dem Stress vorzubeugen. Das war auch erstmal o.k. für mich, ich war ja froh, dass ich überhaupt wieder arbeiten durfte, ob ich es konnte, dass sollte sich noch zeigen.

Ich übernahm erstmal kleine, leichte Aufgaben. Es fiel mir schwer, mich über einen Zeitraum von einer Stunde zu konzentrieren. Ich musste mehr Pausen machen als mir lieb war. Am den zwei Tagen, an denen ich mit der Wiedereingliederung angefangen hatte, war ich nach kurzer Zeit richtig erschöpft, ich war müde und legte mich zuhause dann auch auf das Sofa. Den restlichen Tag machte ich nichts mehr. Aber ich war glücklich wieder ein bisschen arbeiten zu können. Ich freute mich jedes mal wie ein kleines Kind auf Weihnachten, wenn ich wieder ins Büro durfte. Ich freute mich auf meine Kollegin und auf die Arbeit, auch wenn die Arbeit mir sehr schwer fiel. Sie strengte mich an. Es strengte mich an, mich zu konzentrieren und aufzupassen, keine Fehler zu machen. Aber ich machte sie. Aufgaben, die ich früher „im Schlaf" während ich telefonierte machte, forderte jetzt meine ganze Aufmerksamkeit und ich machte trotzdem Fehler. Meine Kollegin kontrollierte meine Sachen und es waren jedes mal Fehler drin. Ich wurde dadurch zusehend wütender auf mich. Ich war traurig, dass ich die einfachsten Sachen in „meinem" Büro nichtmehr hinbekam. Ich musste meine Kollegin, die ICH angelernt hatte, ständig fragen, wie ich was machen sollte oder was ich überhaupt machen sollte. Ich wusste den einfachsten Ablauf nicht mehr. Ich hatte das Gefühl als wenn eine Mauer in meinem Kopf ist, auf der einen Seite ist alles, was ich gelernt hatte, was ich tagtäglich gemacht habe und auf der anderen Seite saß ich, starrte die Mauer an. Ich fand kein Fenster oder eine Tür in der Mauer, es war auch keine Leiter da, um über die Mauer zu kommen. Ich hasste diese Krankheit.

Nach zwei Monaten Wiedereingliederung bekam ich von der LVR den Bescheid, dass mir erst einmal zwei Jahre die volle Erwerbsunfähigkeitsrente bewilligt wurde. Ich war geschockt, „bin ich tatsächlich krank?" Soll ich mich jetzt drüber freuen oder nicht? Ich wusste es nicht!

Ich musste meinen Chef darüber in Kenntnis setzen, da mit Bescheiderteilung mein alter Arbeitsvertrag endet. Er bot mir an, an zwei Tagen für je vier Stunden noch bei ihm zu arbeiten, da ich ja etwas dazuverdienen darf. Ich nahm das Angebot natürlich an. Ich war erstmal zufrieden, ich hatte wieder ein festes Einkommen und durfte wieder ein paar Stunden arbeiten, vielleicht auch bald wieder etwas mehr. Ich hoffte es zumindest. Ich übernahm kleinere, leichte Aufgaben, wurde aber immer noch von meiner Kollegin kontrolliert. Jedes mal wenn ich kam, lagen meine Sachen auf meinem Platz, teilweise korrigiert, teilweise waren sie fehlerfrei. Ich hoffe jedes mal, dass allesrichtig war. Aber von Woche zu Woche wurden die Fehler mehr. Ich konnte mich einfach nicht konzentrieren, ich war zu unruhig. Mein Kopf stellte sich quer, alle möglichen Gendanken sausten durch ihn. So viel es mir schwer, mich auf die Arbeit zu konzentrieren. Nach 4 Monaten rief mein Chef mich an, wir müssten uns mal unterhalten. Ich wusste sofort was er wollte, es ging nicht mehr. Er sagte, ich würde meinen Kolleginnen mehr Arbeit machen als zu entlasten. Ich sah es auch so. Ich konnte verstehen, dass es sehr zeitaufwendig ist, meine Sachen zu kontrollieren und zu korrigieren. Also beschlossen wir, dass wir das Arbeitsverhältnis erstmal beenden, ich wollte ja auch keinem zur Last fallen. Also stand ich wieder da, was soll ich jetzt machen?

## Ich kann das nicht mehr!

Kurz nachdem mein Mann und ich geheiratet hatten, hatten wir uns einen Wohnwagen gekauft und auf einem festen Stellplatz eine Parzelle gepachtet. Wir hatten dort jeden Sommer verbracht, teilweise von April bis September. Wir sind von da aus zur Arbeit gefahren. Es war schön, es war immer jemand da. Man saß abends mit Bekannten zusammen, man war nicht alleine, hatte immer Unterhaltung. Anfangs fand ich es auch mal gut, wenn wir alleine waren, ich konnte lesen oder stricken, aber irgendwann war mir das zu langweilig. Je mehr Leute wir waren, umso besser fand ich es. Aber nicht mit jedem. Wie es bei so einer Gemeinschaft immer ist, die einen mag man, die anderen nicht. In dem Jahr, in dem ich krankgeschrieben wurde, waren wir seltener auf dem Campingplatz. Ich war vor meiner Krankschreibung samstags meistens arbeiten und mein Mann hatte sich ein Motorrad gekauft und fuhr am Wochenende viel damit. Ich sagte ihm, dass ich keine Lust hätte, alleine auf dem Campingplatz zu sitzen, während er mit dem Motorrad unterwegs ist. Also blieben wir zuhause und ich ging arbeiten.

Als ich dann krankgeschrieben wurde, hatte ich auch keine Zeit, ich lief viel rum, das konnte ich auf dem Campingplatz nicht. Also waren wir in diesem Jahr nicht da. Es fehlte mir aber auch nicht.

Im darauffolgenden Jahr war ich während der Saisoneröffnung in der Tagesklinik. Da hätten wir die ersten drei Monate nur an Wochenenden hin gekonnt, das war mir aber zu stressig. Wir wären freitags abends hingefahren. Ich hätte ersteinmal auspacken müssen und grob putzen müssen, dann wäre der Freitag auch schon vorbei gewesen. Samstag dann gründlich putzen, Rasen mähen und Blumenpflege, dann wäre der halbe Samstag rum gewesen. Sonntag dann nach dem Frühstück wieder alles einpacken und einräumen und nach Hause fahren. Zuhause dann alles auspacken, wegräumen, Wäsche waschen. Der Sonntag wäre gelaufen gewesen. Mein Mann wollte ja auch Motorrad fahren und ich wollte laufen. Wir blieben erstmal zuhause.

Als der Sommer dann anfing und die Tagesklinik beendet war, meinte mein Mann, wir sollten mal versuchen wieder auf den Campingplatz zu gehen. Also fuhren wir in der Woche, wo nicht so viele Leute da waren, hin und guckten erstmal, was alles zu machen ist. Als ich dann im Wohnwagen saß, fing ich an zu zittern, mein Magen krampfte sich zusammen. Ich fühlte mich nicht wohl, es war mir alles zu viel, zu eng. Ich hatte das Gefühl, dass mir die Wände und die Decke entgegenkommen und mich erdrücken. Ich fing an zu weinen. Mein Mann sah mich völlig hilflos an, er wusste ja nicht, was los war. Er fragte mich, aber ich konnte nicht antworten. Wie sollte ich ihm sagen, dass ich es hier nicht aushalte, auf dem Campingplatz, auf dem er so gerne war. Er war so gerne hier und ich fühlte mich hier nicht mehr wohl. Ich ging raus ins Vorzelt, auch hier war mir alles zu eng und zu klein. Wie sollte ich mich hier bewegen können? Ich setzte mich, weinte immer noch. Mein Mann hockte sich vor mich, er sah mich an, verwirrt und immer noch total hilflos. Er wollte wissen, was ich denn hätte. Wie sage ich es ihm? Ich wusste es nicht und sagte erstmal, dass alles o.k. wäre. Er glaubte mir das natürlich nicht und hakte nach. Es tat mir so leid, aber ich sagte ihm, dass ich mich nicht mehr wohlfühlte. Angst kam in mir auf, Angst das er es nicht verstehen würde. Er sagte nichts, sah mich nur an. Seine Augen füllten sich mit Tränen. Oh Gott, bitte nicht, mir ging es doch schon schlecht genug. Wir beschlossen erstmal nach Hause zu fahren. Während der Fahrt redeten wir nicht miteinander. Zuhause saßen wir da, ich wusste, dass ich es ihm erklären musste, aber wie? Ich wusste es einfach nicht. Wie sollte ich ihm sagen, dass ich mich auf dem Campingplatz, auf dem wir so viele Jahren gerne waren, nicht mehr wohlfühlte? Ich hatte Angst wie er reagiert, ob er es versteht. Aber ich musste es ihm sagen, ich konnte da nicht mehr hin, nicht mehr dableiben. Ich sagte ihm, dass ich mich da nicht mehr wohl fühlte und Angst hätte. Ich hatte auch Angst vor den Reaktionen der anderen auf meine Krankheit. Was würden sie sagen? Ich konnte mir nicht vorstellen, dass es auf dem Campinglatz jemanden geben würde, der mich versteht, der Verständnis hätte. Dann die Angst auszurasten, wenn jemand komisch auf mich reagiert. Ich hatte zwar die Wutausbrüche und Aggressionen einigermaßen unter Kontrolle, aber ich konnte für nichts garantieren. Ich hatte Angst die Kontrolle über mich zu verlieren, mich zu verlaufen oder nicht mehr zu wissen, wo ich war. Das war mir ja schon öfters passiert, dass ich an Orten war, wo ich mich genau auskannte und schon zigmal war und plötzlich nicht mehr wusste wo ich war und wie ich dort weg konnte. Was, wenn das auf dem eigentlich überschaubaren Campingplatze passiert?

Ich sagte ihm das genauso. Ich hatte ihm auch das Angebot gemacht, dass er auch alleine hinfahren könnte, übers Wochenende, vielleicht würde es sich ja auch irgendwann bei mir wieder legen. Mein Mann hatte Verständnis dafür, wollte aber auch nicht alleine hin.

Nach ein paar Tagen reiflicher Überlegung und mehreren Gesprächen beschlossen wir gemeinsam, den Campingplatz zu kündigen, was wir daraufhin auch taten. Und mir ging es gut dabei.

# Winter

Nicht nur für mich, auch für meine Familie und Freunde hat sich durch die Krankheit viel geändert. Für meinen Mann war und ist diese neue Situation ein Fulltime-Job. Besonders am Anfang. Er achtete sehr auf mich. Er passte auf, ob ich schlief, dass ich zur Ruhe kam, was ich ja eigentlich nicht kam und auch nicht wollte. Er rief mich so oft wie er konnte von der Arbeit aus an und fragte wo ich bin und was ich machte. Er machte sich Sorgen, weil ich ja sehr aggressiv war. Er hatte Angst, dass ich irgendwas anstellen oder mit fremden Ärger anfange. Er hatte Angst, dass ich mir was antat, besonders an Tagen, an denen ich wütend auf die Krankheit war, traurig und verzweifelt war, das ich nicht mehr arbeiten durfte. Er ging arbeiten und nach Feierabend kümmerte er sich um mich, unternahm viel mit mir. Er war von der ganzen Situation ziemlich fertig. Er schlief viel und war ständig müde, es strengte ihn alles sehr an, aber versuchte alles für mich zu tun, damit es mir gut ging.

Ich sagte einmal, dass ich gerne mal wieder die Nordsee sehen wollte. Dann, an einem Mittwoch im September sagte mein Mann zu mir „wir fahren am Samstag an die Nordsee, für einen Tag". Ich freute mich so sehr, bedachte aber nicht, dass er die Strecke alleine fahren musste, ich durfte ja nicht. 550 km an einem Tag und dann den ganzen Tag dort rumlaufen. Ich freute mich einfach riesig. Freitag briet ich Schnitzel und Frikadellen, machte Kleinigkeiten zu essen fertig. Wir hatten ja nicht viel Geld und alles ging für Benzin drauf. Mir war das egal, ich machte es gerne und freute mich einfach nur. Samstagmorgen fuhren wir gegen 7 Uhr los. Ich war so aufgeregt, endlich wieder die Nordsee sehen. Ich redete ununterbrochen im Auto. Mein Mann saß nur da, lächelte und fuhr, er freute sich, weil ich mich so sehr freute. Um 10:30 Uhr waren wir dann endlich da. Wir parkten und gingen zum Hafen. Wir standen da und sahen auf die Kutter. Mein Mann nahm mich in den Arm und ich war einfach überglücklich. Wir spazierten durch das kleine Dörfchen, setzen uns in ein Café und tranken etwas. Ich war so glücklich und aufgeregt, dass ich immer noch ununterbrochen redete und er saß da, hörte mir zu und lächelte. Wir fuhren weiter zum Strand. Wir stellten das Auto auf einem großen Parkplatz ab und machten im Auto erstmal ein kleines Picknick. Es war richtig gemütlich. Dann gingen wir zum Strand. Auf dem Weg dahin sagte ich immer wieder wie sehr ich mich freute. Wir gingen die Düne hoch und dann... Es war Ebbe. Kein Wasser zu sehen. Wir sahen uns an und fingen an zu lachen. War ja klar, wenn wir kommen ist nichts da. Aber ich roch die See. Es war herrlich. Wir gingen am Strand entlang spazieren, bis zum nächsten Hafen. Die Schiffe, die noch im Hafen lagen, lagen auf dem Trockenen, es war uns egal, das Wetter war toll und wir beide waren zusammen, Hand in Hand. Plötzlich drehte mein Mann mich zu ihm um, legte seine Arme um mich, sah mich lächelnd an, mit Tränen in den Augen und sagte er hätte mich seit Monaten nicht mehr so ruhig, entspannt und glücklich gesehen. Ich war glücklich, sehr sogar. Ich fühlte mich ganz leicht. Ich merkte in diesem Moment seit Monaten wieder, wie sehr ich meinen Mann liebte. Ich fühlte mich frei. Und ruhig. Mein Kopf war leise, ich dachte nur daran, wie schön es dort war und wie schön es war mit dem Mann dort zu sein, der alles für mich Tat und tun wird und wie glücklich ich war, ihn an meiner Seite zu haben. Auf der Rückfahrt war ich ruhig, entspannt. Mein Kopf war ruhig. Ich dachte nur an diesem wunderschönen Tag, an diesen wundervollen Mann, der mir dieses Erlebnis ermöglicht hat. Mein Körper war ruhig ich saß ganz ruhig auf dem Beifahrersitz, schaute aus dem Fenster. Hörte die Musik im Radio, auch wenn ich ständig den Sender wechseln musste, weil wir außerhalb des Empfangs waren. Meine Beine ruhten im Fußraum, sie wippten nicht, sie waren regungslos. Mein Körper war entspannend. Ich fühlte keine Verspannungen in mir, die Anspannung und der Drang sich bewegen zu müssen war weg. Es ging mir gut, ich fühlte mich frei.

Am Abend war bei uns in der Nähe ein Oktoberfest, viele unserer Freunde und meine Eltern ging dorthin. Ich hatte vorher gesagt, dass wir noch vorbeikommen, wenn wir wieder zu Hause sind, Party war immer gut. Wir waren gegen 21 Uhr zu Hause und ich fragte meinen Mann ob er noch Lust hätte zum Oktoberfest zu gehen. Natürlich hatte er das nicht. Er war an dem Tag über 550 km gefahren und war den ganzen Tag auf den Beinen. Ich wollte auch nicht gehen. Wir ließen diesen atemberaubenden Tag auf der Couch ausklingen und ging früh schlafen. Und ich schlief so tief wie lange nicht mehr. Ich erschrak als ich morgens auf die Uhr sah und feststellte, dass ich über zehn Stunden geschlafen hatte. Ich war ein Paar Tage lang entspannt, friedlich und dann, dann ging es wieder los.

Es war wieder einer dieser Tage, an denen mich keiner halten konnte. Ich war wieder den ganzen Tag unterwegs, wie viel er rum und kaufte viel ein. Abends, zu Hause kochte ich und wir aßen. Im Garten, das Wetter war schön. Ich saß in dem Gartenstuhl und langweilte mich. Ich beschloss noch ein wenig walken zu gehen. Meinem Mann und meinen Eltern sagte ich, dass ich eine halbe Stunde gehen würde. Ich nahm nur mein

MP3 Player mit, Musik brauchte ich immer. Ich lief und lief. Nach einer Stunde fragte sich mein Mann, wo ich bleibe. Nach eineinhalb Stunden versucht er mich anzurufen und stellte fest, dass mein Handy auf dem Tisch lag. Auch meine Eltern machten sich Sorgen. Nach zwei Stunden wollte mein Mann los gehen und mich suchen. Bevor er losgehen konnte stand ich plötzlich auf dem Hof, nassgeschwitzt und außer Atem ich sagte "das tat gut". Bevor ich noch irgendwas sagen konnte, sah mein Mann mich an. Er sagte sie hätten sich Sorgen gemacht, ich wollte doch nur eine halbe Stunde gehen. Meine Mutter sah mich an und fing an zu weinen, sie hatte sich wirklich Sorgen gemacht. Mir war das wie immer total egal. Es war ja nichts passiert. Also ging ich, ohne weiter auf ihre Sorgen einzugehen duschen und Tat als wenn nichts gewesen wäre.


Meine Freundin hatte schon viel durchgemacht. Sie hatte erst fast, durch einen Ärztefehler, ihren Mann verloren und dann ist ihre Mutter plötzlich und unerwartet gestorben. Dann, ein paar Monate später, an dem Tag, an dem wir den Geburtstag von meinem Vater feiern wollten, warteten wir nachmittags auf ihren Mann, der eigentlich zum Fußball gucken kommen wollte. Als er nicht kam, schrieb ich meiner Freundin eine Nachricht und fragte sie, wo er bleibt. Später rief sie an und sagte mir, dass sie im Krankenhaus seien. Man habe bei ihrer 18jährigen Tochter Leukämie festgestellt. Ich war wie geschockt, wie konnte das sein? Sie war doch gesund, hatte doch nichts. Ich wusste nicht was ich sagen sollte, sie weinte am Telefon aber ich wusste nicht was ich sagen sollte. Bringt ein Satz wie" das wird schon alles wieder" oder " die Kleine ist stark" etwas? Ich hörte die Verzweiflung in ihrer Stimme. Sie hatte Angst. Aber ich konnte nichts Sinnvolles sagen. Ich sagte ihr, sie solle sich melden, wenn sie was Neues wissen. Abends berichteten wir die schreckliche Nachricht allen, die ist noch nicht wussten. Alle waren traurig und geschockt. Wir haben die" kleine" doch groß werden sehen.

Meine Freundin verbrachte die ganzen Tage im Krankenhaus bei ihrer Tochter, sie zog sich zurück. Alle sagten, sie wolle ihre Ruhe haben, man solle sie nicht kontaktieren sie würde sich schon melden. Keiner schrieb ihr oder rief sie an, mit Ausnahme von mir. Mir war egal, was die anderen sagten oder dachten. Ich wollte für Sie da sein, ob ich das konnte oder ob ich das war oder ob ich sie nervte, das kann nur sie sagen.

Ich schrieb ihr jeden Tag. Ich fragte sie wie es ihrer Tochter ging und wie es ihr geht, was es Neues gibt. Sie informierte mich, sie war ein Zuviel, aber ich ließ nie locker, ob sie es wollte, dass ich mich ständig bei ihr meldete oder nicht, war mir egal, aber sie ging immer dran. Ich versuchte sie abzulenken, manchmal schaffe ich es, manchmal nicht. Ich ließ nicht locker.

Für sie war es bestimmt schwer, dass ich ständig anrief und nachfragte, aber ich war emotionslos, natürlich war ich auch traurig und konnte es nicht fassen, aber ich konnte keine Gefühle zeigen. Ich dachte immer nur,", sie ist doch deine Freundin", ich wollte für Sie da sein, das macht man doch so. Ich konnte keine Gefühle zeigen, nicht zeigen wie traurig ich war.

Keiner verstand warum ich das tat, warum ich sie nicht in Ruhe ließ. Warum ich immer wieder anrief. Ich weiß es selber nicht. Ich war manisch und ich wollte einfach etwas tun, konnte es aber nicht. Mein Herz und mein Bauch sagten lass sie in Ruhe aber der manische Kopf ließ das nicht zu.

Ich hatte eine Freundin, wir haben uns super verstanden, oft zusammen was unternommen, shoppen, einfach nur quatschen, füreinander da sein. Sie wohnte neben uns, sie war ein paar Jahre älter als ich, sie hatte mich groß werden sehen. Wir hatten immer viel Spaß, haben uns nie gestritten. Als ich krank wurde, war sie einer der wenigen die mich gefragt haben, wie es mir geht, sie wollte wissen was eine bipolare Störung ist und was es für mich bedeutet. Wenn es mir nicht gut ging, sie war da, hörte mit zu oder nahm ich einfach mal in den Arm. Sie informierte sich und wollte mir immer helfen. Sie war auch für meine Mutter immer da.

Ich war schon eineinhalb Jahre krank, sie war oft bei mir, schrieb oft oder rief an, als sie Schmerzen im Rücken bekam. Über ein halbes Jahr wurde sie mit starken Medikamenten behandelt, nichts half. Eines Tages rief sie mich an, ob ich mit ihrem Hund rausgehen könne, ihr würde es nicht gut gehen und es wäre niemand sonst zu Hause. Sie wohnte direkt nebenan, ich ging hin, um den Hund zu holen. Sie öffnete die Tür, sie sah schrecklich aus. Ich sagte ihr sie solle zum Arzt gehen, so könne es nicht weitergehen.

Am nächsten Tag ging sie zu Ihrem Arzt und von da aus direkt ins Krankenhaus. Ich dachte noch, na endlich, dann wird ihr jetzt hoffentlich geholfen. Eine Woche später bekam wir von ihrem Mann, die Nachricht Bauchspeicheldrüsenkrebs, drei bis sechs Monate. Ich saß da, regungslos, Tränen in den Augen, ich konnte es nicht fassen, das konnte nicht sein. Ich konnte, ich wollte es nicht glauben, das musste ein Irrtum sein. Alle sagten, man solle sie nicht anschreiben oder anrufen. Ich konnte es am Anfang auch nicht. Was soll ich in so einer Situation auch schreiben oder sagen? Nach ein paar Tagen schrieb sie mich an, von da an waren wir in ständigem Kontakt. Ich konnte es immer noch nicht glauben und hoffte, dass die Chemo doch noch hilft. Ich besuchte sie auch wenn andere es nicht verstanden, sie sagten, dass sie doch Ruhe brauchte, aber für sie war es okay. Sie fragte mich immer wieder, wie es mir ginge. Gott, sie lag im Sterben und fragt mich, wie es mir geht. Ich merkte da erst, wie wichtig sie mir war. Wie wichtig mir ihre Freundschaft war. Ich weinte viel, hatte Magenkrämpfe, wenn ich daran dachte, dass sie irgendwann nicht mehr da ist. Ich dachte jeden Tag an sie, das tue ich heute noch. Die eine Hälfte meines Kopfes wusste, dass sie bald sterben würde, die andere Hälfte wollte es nicht wahrhaben und hoffte bis zum Schluss. Die Gefühle wüteten in mir. Trauer, Verzweiflung, Wut, Hoffnung. Der Gedanke, dass sie nicht mehr da sei fraß mich auf. Ich hatte so oft den Gedanken, wenn sie nicht mehr da ist, dann gehe ich auch, dann beende ich all das hier.

Sie starb eine Woche vor meinem 40. Geburtstag. Ich war bis zum letzten Tag mit ihr in Kontakt. Als ich die Nachricht von ihrem Mann bekam konnte ich nur weinen. Mein Magen zog sich zusammen, mir wurde schlecht. Ich zitterte am ganzen Körper. Ich weinte 2 Tage durch, mein Kopf war nur bei ihr. Ich wollte hinter ihr her gehen. Meine Freunde, mein Mann versuchten mich aufzumuntern. Ich wollte nicht lachen, es fühlte sich falsch an. Dann stand die Frage im Raum, was mache ich mit meinem 40. Geburtstag? Sage ich die Feier ab? Nein, sie war meine Partymaus, hatte auf keiner Feier gefehlt. Also feierten wir, ruhiger, aber wir feierten. Das hätte sie nicht gewollt, dass ich auf meinem 40. Geburtstag alleine zu Hause sitze. Dass die Beerdigung schrecklich war, das muss ich glaube ich nicht erwähnen.

Sie fehlt mir jeden einzelnen Tag. Nach meinem Geburtstag kam Weihnachten und Silvester, ohne sie. Es dauerte nicht lange, bis die Depression kam. Ich hatte eigentlich damit gerechnet, ich hoffte nur dass sie nicht zu stark wurde. Ich war die ganze Zeit unter ärztlicher Behandlung. Meine Ärztin gab mir die entsprechenden Medikamente, um die Depression zu verhindern. Aber sie kam, ich spürte sie, aber sie wurde von den Medikamenten unterdrückt. Ich fühlte mich schrecklich, ausgepowert. Ich musste versuchen aus diesem Tief wieder rauszukommen. Ich schaffte es, aber es war ein langer Weg.

Diese und auch andere Ereignisse ließen mich viel nachdenken, über den Tod und den Verlust. Ich dachte darüber nach, was ich machen würde, wenn meine Eltern oder mein Mann einmal sterben. Ich hatte jetzt oft genug gesehen, wie schnell es gehen kann. Bei meiner Mutter war es ja schon einmal fast soweit. Vor Jahren musste ich mit ansehen, wie im Krankenhaus mein Mann – wir waren damals noch nicht verheiratet – wiederbelebt wurde. Ich dachte darüber nach, wie ich damit umgehen werde, wie ich es verkraften würde. Dabei stieß ich auf den Film Winter von Heidi Greensmith. In dem Film geht es um einen Mann, der unter anderem auch an einer bipolaren Störung erkrankt ist und versucht den plötzlichen Tod einer geliebten Frau zu verarbeiten, was ihm anfangs nicht gelingt. Er ist verzweifelt, irrt umher, verfällt dem Alkohol, vernachlässigt ungewollt seine beiden Söhne. Der Schauspieler bringt all die Gefühle in einer sensationellen Perfektion rüber, man kann so viel in seinen Augen erkennen. Ich erkannte mich in so vielem wieder, als meine Freundin gestorben war. Ich konnte mich in der Rolle oft wiederfinden. Dieser Schmerz, Ziellos umherirre, die Trauer. Und ich fühlte es stärker als sonst. Viele Gefühle kamen in mir wieder hoch, auch die Angst, meinen Mann zu verlieren. Aber dieser Film zeigt mir, dass es weiter geht, dass es weiter gehen muss, für ich und für andere.

Der Schauspieler, der den einen Sohn spielt, zeigte mit einer hervorragenden Leistung, wie schwer solche Situationen für Angehörige sind. Er zeigte mir sehr überzeugend, wie schwierig es ist für einen nahen Angehörigen damit umzugehen. Hilflos dazustehen und nichts machen zu können, weil der Betroffene keine Hilfe annehmen will und kann. Durch seine Darbietung konnte ich ein wenig verstehen, wie mein Mann sich oft fühlt, wie verzweifelt er manchmal ist. Seien Angst um mich.

Dieser Film hat unteranderem dazu beigetragen, dass ich vieles überdenke und weiter mache. Aufgeben ist keine Option, es lohnt sich immer nach vorne zu sehen.

## Reaktionen

Die Leute haben sehr unterschiedlich auf mich reagiert. Einige haben sich gar nicht mehr bei mir gemeldet, nachdem ich meine Diagnose erhalten habe. Ob sie Angst hatten, was Falsches zu sagen oder ob sie so dachten wie ich früher, ich weiß es nicht. Ich hatte früher, vor meiner Einsicht zu meiner Krankheit, auch immer gedacht, dass sich Menschen mit einer psychischen Krankheit nicht so anstellen sollen, man muss sich auch mal zusammenreißen. Zumindest soweit, dass man ein paar Stunden arbeiten gehen kann. Depressiv, pah, die sollen mal den Arsch hochkriegen, an die frische Luft gehen, unter Leute gehen, sich mit Freunden treffen, einfach mal ablenken. Heute weiß ich, DAS GEHT NICHT!

Trotzdem fand ich es nicht schön, dass einige sich nicht mehr gemeldet haben, bis heute nicht. Ich war sehr enttäuscht. Bei anderen hatte ich damit gerechnet. Dann waren da noch einige, sogar mehr als ich dachte, die sich plötzlich für mich interessierten, die fragten wie es mir geht und sich über die bipolare Störung informierten, bei denen ich es nie gedacht hätte. Diese Menschen zähle ich bis heute zu meinen Freunden, sie sind da für mich, wenn es mir gut geht und besonders wenn es mir schlecht geht. Viele von denen, die sich nicht mehr melden, urteilen über mich, ich wäre nur faul, würde mir das ganze nur ausdenken, ich wäre ja sonst immer normal gewesen. Diese Leute haben nie gesehen, wie viel ich gearbeitet habe, wie sehr ich darunter gelitten habe nicht mehr arbeiten zu können, ich leide noch heute darunter. Sie haben mich nie gesehen, wenn ich depressiv war. Ich denke heute, dass sie sich nie wirklich für mich interessiert haben, solange ich immer für sie da war, alles für Sie gemacht habe, war alles gut. Ich sage heute, auf diesen Personenkreis kann ich verzichten. Ich habe heute nur Menschen um mich, die mich mögen und so nehmen wie ich bin.

Natürlich gibt es auch noch den einen oder anderen aus meinem Bekanntenkreis, die immer noch kein Verständnis für mich und meine Krankheit haben, sie fragen aber auch nicht oder informieren sich nicht. Nachdem ich schon über einem halben Jahr krankgeschrieben war, fragte einer meinen Mann, ob ich jetzt ständig krank feiern wolle. Mein Mann wurde wütend, sagte nur, er solle sich informieren und nicht so blöde Fragen stellen und ging dann weg. Er konnte und wollte dazu nichts sagen. Einmal sagte jemand zu mir, sie wolle es auch mal so gut haben und mit Ende 30 in Rente sein. Ich sagte nur, dass sie das bestimmt nicht wolle und ging weg, ich merkte, dass es nichts bringen würde mich zu erklären. Sehr sogar, denn ich würde gerne wieder arbeiten, gerne wieder mein altes Leben leben.

Viele sagen, "man sieht dir doch gar nichts an". " Du siehst doch ganz normal aus.", wie sieht denn jemand mit einer psychischen Krankheit aus? Die Frage können Sie dann auch nicht beantworten. Ich kann da auch immer nur drauf antworten, dass ich ja auch nicht rausgehe, wenn es mir schlecht geht, außer meine Eltern und mein Mann sieht mich dann auch keiner. Sätze, wie "jeder hat mal gute und schlechte Tage" höre ich oft. Das stimmt ja auch, die habe ich auch. Den Leuten dann zu erklären das es ein riesiger Unterschied zwischen" gut und schlecht" und "manisch und depressiv" ist, ist oft schwer. Wie soll man jemandem, der diese Krankheit nicht kennt, erklären, wie intensiv und stark jemand mit einer bipolaren Störung fühlt? Eigentlich kann man das nicht erklären, wie soll man Gefühle erklären? Jeder Mensch kennt die verschiedensten Gefühle, traurig, fröhlich, glücklich...! Die gleichen Gefühle habe ich auch, in einer Manie bin ich nicht so fröhlich, ich bin euphorisch. Ich strahle, möchte die ganze Welt umarmen, tue das auch oft, ich umarme andere Leute, freue mich über alles. Es ist das gleiche Gefühl wie bei allen anderen, nur viel intensiver. Ich kann auch traurig sein, in einer Depression sehr traurig, man kann dieses Gefühl nicht kontrollieren und gerät in eine sehr tiefe Trauer. Oft hat diese Trauer keinen Grund, man kann zuvor sogar was Schönes erlebt oder gehört haben aber die Trauer siegt. Sie ist so tief, dass man an nichts anderes denken kann und in dieser Trauer feststeckt.

Man kann es so erklären und trotzdem verstehen die meisten es immer noch nicht. Oft höre ich auch "oh, das ist aber schlimm", oder "kann man da nichts gegen machen?". Wenn es was geben würde, was ich dagegen tun könnte, würde ich es tun; aber ich habe es noch nicht gefunden und ich glaube, dass ich es auch nicht finden werde.

## Psychoedukation-was ist eine bipolare Störung

Über die Tagesklinik wurde ich zu einer Psychoedukation für bipolare Störung angemeldet. Psychoedukation, was ist das? Ganz einfach, eine Aufklärung. Man lernt eine Krankheit kennen. Ein Lernprogramm für Betroffene und Angehörige. 7 "Sitzungen" zu je anderthalb Stunden einmal die Woche.

Ich bin mit meiner Mutter dort hingegangen, sie wollte mehr über diese Krankheit erfahren, um mich vielleicht besser zu verstehen oder einiges nachvollziehen zu können. Sie wollte wissen, wie es in mir aussieht.

Wir waren eine Gruppe von ca. 15 Leuten. Zu dem Zeitpunkt, als die Psychoedukation angefangen hatte war ich noch sehr uneinsichtig und davon überzeugt nichts zu haben, aber ich machte ja alles mit, damit ich schnell wieder arbeiten gehen konnte. Das war mein einziges Ziel.

Wir machten am Anfang eine ausgiebige Vorstellungsrunde. Einige waren echt schlecht drauf, sie waren in einer schweren oder auch leichten Depression, eine hatte gerade einen Selbstmordversuch hinter sich und war stationär in der Klinik. Mir ging es gut und das brachte ich auch zum Ausdruck, ob man es mir glaubte, weiß ich nicht. Meine Mutter war die einzige, die "gesund" war! Der Leiter dieser Psychoedukation war sehr erfreut, dass sie dabei war und fand es toll, dass Sie sich dafür interessierte. Und das tat sie wirklich.

Die Psychoedukation war in 6 Module aufgeteilt.

## Modul 1: Begriffsbestimmung

Hier wurde erklärt, was eine bipolare Störung überhaupt ist. Dass sie sich durch wiederholte Episoden äußert, in denen sich Stimmung und Aktivitätsniveau deutlich verändert, die depressiven und manischen Phasen/Episoden.

Es wurden verschiedene Begriffe erklärt. Symptome, Rapid circling, Suizidalität, Manie, Depression und einige andere Begriffe. Diese hier alle zu erklären würde den Rahmen sprengen und einige hatte ich schon erläutert oder erwähnt.

## Modul 2: Symptome

Es wurden die verschiedenen Symptome erklärt. Depression, atypische Depression, Hypomanie - die helle Seite, Hypomanie - die dunkle Seite, Manie, Mischzustand und Verlaufsmuster bipolar affektiver Störung. Diesem Zeitpunkt war ich noch total uneinsichtig, wusste immer noch nicht, was ich da sollte, ich hatte ja nichts. Einige Symptome der Manie kamen mir zwar sehr bekannt vor, aber ich dachte, so ein Quatsch, ich bin halt gut drauf und aktiv war ich ja schließlich schon immer. Meine Mutter hingegen hatte mich in fast allen Symptomen der

Manie wiedererkannt. Sie sagte mir, dass ich fast alle Symptome hätte. Sie konnte mich damit aber nicht erreichen. Ich hatte nichts!

## Modul 3: Verlauf der Erkrankung

Hier wurden die verschiedenen Arten der bipolaren Störung erläutert. Es gibt unter anderem die bipolare Störung 1 eure Störung 2, rapid circling und unter anderem die gemischte Episode. Das sind die bekanntesten. Die bipolare Störung 1 habe ich. Sich äußert sich durch mehrere manischen und depressiven Phasen. Zu dem Zeitpunkt der Psychoedukation hatte ich lediglich eine manische Episode in der ich mich Modul 5: noch befand. Ich war immer noch nicht einsichtig.

## Modul 4: Behandlung

Wir sprachen über ein Stimmungskalender, mit dem man Frühwarnzeichen erkennen kann. War mir egal, ich hatte nur eine Stimmung und die war toll. Wir bekamen erklärt, dass es sich bei der bipolaren Störung um einen "Stoffwechselfehler im Gehirn" handelt. Botenstoffe wie z.B., Serotonin, Noradrenalin und Dopamin Wo kommen bei den entsprechenden Synapsen nicht an. Hierfür sollten wir also die Medikamente nehmen, um einen Ausgleich zu schaffen. Es wurden noch über andere Behandlungen, wie Psychotherapie und Sozialtherapie (das soziale Umfeld) ja, ich nahm die

Medikamente, merkte aber keinen Unterschied zu vorher. Wie auch, ich hatte nichts!

Modul 5: Ursachen der Erkrankung


Mittlerweile war ich etwas einsichtiger und gab zu, dass ich irgendwas habe, aber was, das wusste ich zu diesem Zeitpunkt noch nicht, man sagte mir zwar immer wieder, eine bipolare Störung, aber das wollte ich nicht wahrhaben. Sachen, die bei mir zu trafen, waren unter anderem Stress, selbstgemachter Stress und Stress auf der Arbeit, Leistungsdruck und Veränderungen am Arbeitsplatz. Im Bezug von Krankengeld war es auch eine finanzielle Belastung. Ich habe mir einfach zu viel Stress und Druck gemacht, um es allen recht zu machen auf der Arbeit und im Privatleben, an mich hatte ich nicht mehr gedacht. Das war mein Fehler, niemand konnte etwas dazu, ich alleine trage die Schuld daran.


Modul 6: Frühwarnsymptome und gesund bleiben


Wir haben verschiedene Symptome erörtert, die meisten trafen auf mich nicht zu. Ich muss einfach Stress verhindern. Auf mich aufpassen und lernen auf Hinweise, Tipps und Ratschläge meines Umfelds zuhören. Daran arbeite ich heute noch.

## Zum Schluss

Was soll ich noch erzählen, jetzt habt ihr einen kleinen Einblick in mein bipolares Leben bekommen. Es ist nicht immer einfach, aber man lernt mit der Zeit mit der Krankheit zu leben, oder besser gesagt, ich versuche das die Krankheit mit mir leben muss. Ein schönes Zitat von Louise L. Hay ist " Liebe, wer du bist und was du bist und was du tust."! Jeder Mensch ist so wie er ist, keiner sollte sich verstellen, weil andere es wollen. Lebt euer Leben so wie ihr es wollt und könnt.

Lasst euch nicht vorschreiben was ihr sein sollt und was ihr tun sollt. Seid glücklich im Hier und Jetzt, keiner weiß, was morgen ist. Genießt euer Leben, ihr habt nur dieses eine, passt auf eure Gesundheit auf, ihr habt auch nur die eine.

Egal ob ihr krank oder gesund seid, jeder Mensch ist gleich viel wert. Wer euch nicht so akzeptiert wie ihr seid oder wie ihr sein wollt, der hat in eurem Leben nicht viel zu suchen.

Versucht eure Ziele zu erreichen denn wer es gar nicht erst versucht hat schon verloren.

Lasst euch nicht auf eure Krankheit reduzieren, ihr seid mehr als das, ihr seid toll, vergesst das nie!

Bibliografische Information der Deutschen
Nationalbibliothek:
Die Deutsche Nationalbibliothek verzeichnet diese
Publikation in der Deutschen Nationalbibliografie;
detaillierte bibliografische Daten sind im Internet über
http://dnb.dnb.de abrufbar.

© 2019 Kirsten Stahlschmidt

Herstellung und Verlag: BoD – Books on Demand,
Norderstedt

ISBN: 978-3-7481-1710-0